AF300017

RÉVÉLATIONS

SUR LE COUP

DE PISTOLET.

IMPRIMERIE DE SÉTIER,
RUE DE GRENELLE SAINT-HONORÉ, N° 29.

RÉVÉLATIONS

SUR LE COUP

DE PISTOLET

DU 19 NOVEMBRE 1832,

PAR UN DES ACCUSÉS DU COMPLOT!!!

PRIX : 1 F. 50 C.

PARIS

LEVAVASSEUR, LIBRAIRE, PALAIS-ROYAL.

PRÉVOT, LIBRAIRE, RUE J.-J. ROUSSEAU, N. 5.

ROUANET, LIBRAIRE, RUE VERDELET, N. 6.

1833

RÉVÉLATIONS

SUR LE COUP

DE

PISTOLET

DU 19 NOVEMBRE 1832,

PAR UN DES ACCUSÉS DU COMPLOT !!!

PARIS

LEVAVASSEUR, LIBRAIRE, PALAIS-ROYAL.

PRÉVOT, LIBRAIRE, RUE J.-J. ROUSSEAU, N. 5.

ROUANET, LIBRAIRE, RUE VERDELET, N. 6.

1833

RÉVÉLATION.

C'est facile à comprendre. Celui que
l'on arrête pour un crime ou un délit
quelconque, doit savoir, sur ce crime ou
ce délit, quelque chose de plus que ceux
qui, de leurs fenêtres, voient tranquille-

ment passer, entre mouchards ou gendarmes, l'individu arrêté.

Il y a en France une justice et une police.

La police sait tout, elle ne se trompe jamais, c'est reconnu.

La justice est moins aventureuse, moins expéditive que la police.

La police a des soupçons, des indices, et, comme elle est chargée de veiller à la sûreté de l'état, elle agit d'après ces indices, souvent même d'après de simples soupçons.

Car la conspiration se trame dans l'ombre, le complot se glisse à la faveur des ténèbres, les noires pensées et les projets sinistres redoutent l'éclat du jour, et l'anarchiste qui médite la ruine de la cité, cache sa haine sous un visage riant.

Mais la police veille; le budget en fait

foi , article des fonds secrets ; l'état connaît la première loi naturelle, le besoin de la conservation. La police écoute et voit , et rapporte ; la police en effet est payée pour écouter, voir et rapporter.

Et jamais elle ne rapporte que ce qu'elle a vu et entendu.

La justice agit d'après les indications de la police.

Mais il est convenu que nous vivons sous un gouvernement légal, ainsi la justice ne peut agir que selon certaines formes déterminées par la loi, instituées pour servir de garanties à la liberté et à la sûreté du citoyen, et hors desquelles il n'y aurait plus qu'arbitraire et despotisme.

La police n'a d'autres bornes que son honneur , sa bonne foi et sa conscience.

La justice ne peut marcher si elle n'a

pas de preuves à l'appui de sa conviction.

La police a le droit de saisir ceux qu'elle croit coupables.

La justice est forcée de relâcher ceux dont la culpabilité ne lui est pas démontrée.

En un mot, les citoyens ont pour garantie sous un gouvernement légal, l'honneur, la bonne foi et la conscience de la police, et de plus, la nécessité où se trouve la justice de les relâcher, si la police ne fournit pas des preuves suffisantes qu'ils sont, ou peuvent être coupables.

Et, *Vive la loi !*

Je ne crois pas que ce cri puisse être séditieux sous un gouvernement qui a pris pour enseigne : A LA LÉGALITÉ.

Ainsi quand la police, qui voit tout et entend tout, arrête un individu, c'est que cet individu est véhémentement soupçonné d'avoir pris part d'une manière quelconque à un délit quel qu'il soit.

Et quand la justice relâche le même individu, cela veut dire seulement que celui-ci a été assez habile pour dérober, aux yeux clairvoyans des magistrats, toutes les preuves de sa participation à ce crime ou délit ; cela signifie qu'il vaut mieux laisser échapper dix coupables, que de faire souffrir un innocent : il y a humanité et sensibilité dans le cœur de nos juges, comme il y a honneur et conscience chez M. Gisquet et ses agents.

Mais si la magistrature est accessible à ces faiblesses humaines, l'opinion publique, toujours inflexible et toujours éclairée, inflige au coupable assez rusé pour échapper au glaive de la loi, un châtiment inévitable ; car, d'une manière ou d'une autre, il faut que la société soit vengée.

On ne pourra pas dire positivement que tel homme a commis tel crime ; la loi lui donnerait action en réparation ; mais on dira très-légalement que tel individu a été impliqué dans les poursuites relatives à telle ou telle affaire, etc.

S'il n'est pas coupable, il a paru l'être, donc il a pu l'être ; il a voulu l'être ; innocent par action, il peut avoir péché par parole, par intention ou par omission : il a été suspect, il doit rester suspect ; convenez en : c'est un homme suspect, et d'autant plus dangereux que personne ne sait au juste à quel degré de perversité il a pu se porter.

Quand on se trouve dans cette triste situation, quand on a eu le malheur d'attirer les soupçons de la police et de passer par les mains de la justice, quand on reste en un mot justiciable de l'opinion publique, vengeresse impitoyable de toutes les atteintes dirigées contre l'ordre social, il n'y a plus qu'un parti à prendre, c'est de dire son *meâ culpâ*, et d'exposer sincèrement, franchement, sans réticence, la part que l'on a pu prendre au crime qui vous a été imputé, c'est de se confesser à ses concitoyens, et d'avouer ses torts avec une honorable franchise, qui puisse mériter au criminel repentant, sinon l'amnistie, au moins l'indulgence de cet être divin et fictif qu'on appelle la société...

Telle est la tâche pénible, mais cependant méritoire à quelques égards, que je me suis imposée dans un accès de repentance, et que j'accomplis aujourd'hui en mon nom et au nom de mes compagnons de captivité, accusés comme moi de *l'horrible attentat du 19 novembre.*

Il y a peut-être encore une autre manière d'envisager la question, et c'est par celle-là que nous allons commencer.

ARRESTATIONS.

Admettez un moment qu'un pouvoir, convaincu de son impopularité, et n'ayant aucune chance de salut, se décide à recourir à des machinations de police. Il choisira d'abord une circonstance solen-

nelle , une grande affluence de citoyens ,
afin que l'effet qu'il veut produire soit
soudain, se communique et se propage
rapidement , frappe les imaginations, en
réveillant l'intérêt qui s'étend et l'enthou-
siasme qui tombe.

Mais il ne suffit pas de tirer un coup
de pistolet, et puis de s'en tenir là : il faut
encore arrêter sur-le-champ beaucoup
de monde , et surtout beaucoup de patriotes, pour deux raisons : d'abord c'est
toujours chose agréable et douce que
d'arrêter les patriotes ; les claquemurer
dans les prisons, les livrer aux geôliers et
à la police du juste-milieu ; c'est un royal
passe-temps, qu'on ne doit jamais négli-
ger quand on peut se le procurer ; en second lieu, si on n'arrêtait personne, le
public ne serait pas dupe pendant vingt-
quatre heures d'une pareille mystification.

On arrêtera donc, d'abord en masse et au hasard, parce que plus les coups sont imprévus et incroyables, plus ils ont de retentissement; puis, quand l'instruction aura forcé de relâcher les citoyens détenus en première ligne, de huit jours en huit jours, on arrêtera un nouveau coupable au fond de quelque département, et, de cette manière, on prolongera la comédie autant que besoin sera.

Ainsi, on aura une adresse de la chambre des pairs, une adresse de la chambre des députés; adresse de l'armée et adresse de la garde nationale; adresse des conseils généraux, des conseils d'arrondissement, des conseils municipaux; adresse des corps constitués et des individus isolés ; ce sera un brouhaha d'attendrissement, un pêle-mêle de protestations et de dévouement, une explosion universelle de cris, de larmes, de tendresse, de menaces, de fureurs, à ne pas en respirer pendant un mois entier.

Vienne après cela l'opposition parlementaire, ou extra-parlementaire, avec ses réclamations et ses doléances, et elle verra beau jeu !

Et puis, quel texte fécond de phrases sonores sur *l'horrible attentat*, les factieux et l'anarchie, la rage impuissante des partis, l'énergie et la force du gouvernement, et la nécessité de se rallier autour du trône ! Quelle longue et riche procession de députations empressées! Ce sera comme après juillet, ce sera pis encore, car on sait que les députés d'août et de septembre 1830 ont été largement défrayés de leurs frais de route.

Ainsi fut dit.

Voyons ce qui fut fait :

RÉCIT.

Il paraît que le 19 novembre, le roi Louis-Philippe est sorti des Tuileries pour se rendre à la chambre des Députés, et y prononcer le discours d'ouverture de la session.

Il paraît qu'il a passé sur le pont royal.

Il paraît qu'en ce moment on a entendu une explosion très-faible, mais assez semblable cependant à la détonation d'un très-petit pistolet.

Il paraît qu'une demoiselle s'est évanouie.

Il paraît que cette demoiselle se nomme Boury.

Il paraît qu'on n'a arrêté personne en ce moment.

Il paraît que plusieurs témoins ont entendu l'explosion, mais que personne n'a vu qui tenait l'arme.

Il paraît que la demoiselle Boury prétend qu'elle a rabaissé la main coupable, en sorte que le coup est parti presque à ses pieds, et que la fumée semblait sortir de

sa poche, si toutefois elle avait une poche,
circonstance que j'ignore.

Et je saisis cette occasion pour déclarer que ne me trouvant pas à Paris le
jour de ces prodigieux évènemens , je ne
puis en parler que par ouï dire; voilà
pourquoi j'ai employé la forme dubita-
tive.

Cependant je manquerais de franchise
si je n'ajoutais pas que deux faits dans ce
récit me semblent également prouvés et
irrévocablement établis.

Je veux dire :

Le passage de Louis-Philippe sur le
pont Royal.

Et la présence de la demoiselle Boury
sur ledit pont, au moment où y passait
Louis-Philippe.

COMMENT IL EST JOUR LA NUIT.

BIBLIOTHÈQUE ROYALE

Je suppose que vous êtes couché dans votre lit, et que vous dormez d'un profond sommeil. On frappe à votre porte; vous vous éveillez en sursaut, et vous entendez une voix plaintive qui vous conjure d'ouvrir au plus vite ; il fait nuit , nuit noire et froide. Si vous avez la conscience nette , le cœur secourable , sans attendre, sans prendre aucune précaution , vous vous hâtez d'ouvrir votre porte à l'infortuné qui semble implorer votre assistance, et alors....

On vous présente une lanterne sourde qui éclaire votre visage, puis , vous entendez une voix magistrale dire gravement :

C'est bien lui ! je le reconnais.

Et, à la lueur de la lanterne sourde , vous voyez une écharpe tricolore ; et quatre individus , à tournure équivoque, envahissent sans façon votre chambre à coucher.

Si donc , vous avez quelque connaissance des lois qui protègent la liberté individuelle des membres du peuple sou-

verain, vous vous rappelez que le domicile du citoyen est inviolable *la nuit* ; et
vous demandez de quel droit on vient
troubler votre sommeil.

Il est l'heure légale, répond le commissaire de police en tirant sa montre.

Et vous apprenez que la loi veut qu'il
soit jour à une heure où , dans cette sai-
son de l'année, le soleil éclaire encore les
Antipodes.

Direz-vous qu'en défendant de se glis-
ser à la faveur des ténèbres dans le domicile du citoyen, la loi a voulu que celui-
ci pût s'assurer, *de visu,* du caractère
des hommes qui se présentaient chez lui,
et qu'il ne fût pas obligé de s'exposer aux
attaques nocturnes de quelques malfai-
teurs; on vous répond que les agens de
la loi ne connaissent que la loi. La loi dit

que le soleil se lève à telle heure ; si le soleil n'est pas encore levé, il a tort.

Taisez-vous donc , et souhaitez tout
bas que bientôt nos honnêtes législateurs
fixent les heures du jour et de la nuit,
d'après les calculs du grand Mathieu
Laënsberg. Cette prodigieuse améliora-
tion pourra bien arriver dans quelques
centaines d'années , grâce aux étonnans
progrès que nous faisons incessamment
dans la civilisation.

Jusqu'à présent on s'est tenu dans les
limites de la loi.

Il est convenu que nous vivons sous un
gouvernement légal.

Passons.

On vous exhibe un mandat de perquisition dont voici la teneur:

Mandat de Perquisition.

Préfecture de police.

DE PAR LE ROI,

NOUS, *Conseiller-d'État , Préfet de police, Vu les renseignemens à* NOUS *parvenus ;* et trois lignes en blanc. Il est probable que ces lignes devaient être remplies par quelque indication, sur la nature et la source de ces renseignemens , tant pour mettre à couvert la responsabilité du Préfet, qui décerne le mandat, que pour rassurer la conscience du commissaire qui est chargé de l'exécuter.

Ici la responsabilité de l'un et la conscience de l'autre se contentent, pour toutes garanties, de trois lignes en blanc ; est-ce encore de la légalité ? Passons.

En vertu de l'article 10 *du Code d'instruction criminelle ,*

requérons le commissaire de police ,

Une autre ligne en blanc, *ou autres en cas d'empêchement ,*

Ici l'imprimé cesse, et je vois écrit à la main :

de se transporter chez le sieur. . . . . rue. . . . et partout où besoin sera, à l'effet d'y rechercher et saisir tous écrits , papiers, correspondance , contenant des crimes et délits contre la paix publique,

ou susceptibles d'examen ! ! ! !

ainsi que tous objets séditieux ou armes dont il serait détenteur,

Ici l'imprimé reprend :

lesquels seront déposés , jusqu'à nouvel ordre , à la **Préfecture** *de police.*

Mandons *en outre , audit commissaire de police ,* si le cas le requiert.....

Remarquez que ces cinq derniers mots sont biffés.

de faire amener à la préfecture de po-

lice ledit sieur....... pour être procédé à son égard ainsi qu'il appartiendra.

Requérons tous dépositaires de la force publique, de prêter main-forte pour l'exécution du présent mandat.

Fait à Paris, en notre hotel, le 19 novembre 1832.

Le Conseiller-d'état, préfet de police,

Signé GISQUET.

Pour copie conforme,

Le Commissaire de police de. . . . . .

Signé : . . .

Et plus bas le timbre du commissaire de l'arrondissement.

Examinons rapidement la nature d'un pareil acte.

Ce n'est plus un mandat de perquisition ordinaire. En biffant, par un simple trait de plume, cette formule banale, si le cas le requiert, M. Gisquet a donc

senti *qu'il n'y aurait pas lieu*, que la perquisition ne suffirait pas pour produire
des charges, et qu'un commissaire n'o-
serait prendre sur lui la responsabilité de
l'arrestation d'un citoyen, dans le cas où
la perquisition n'aurait pas de résultats.

C'est un véritable mandat *d'amener*,
un ordre d'arrestation, ce qu'on appelait
autrefois *une lettre de cachet*.

Et dans un acte qui acquiert une telle
importance; croirez-vous que M. Gisquet
ne prend pas même la peine de faire ce
que la loi exige pour la validité des plus
simples transactions entre particuliers.
Il n'a pas daigné ajouter cette formule
voulue : *approuvé la rature de cinq mots.*

Ceci est une illégalité flagrante; mais il
est convenu que nous vivons sous un
gouvernement légal, passons !

Se transportèr chez le sieur. . . .

rue. . . . n°. . . . *et partout où besoin sera ,* pour y saisir tous écrits , papiers, correspondances contenant des provocations à des crimes et délits contre la paix publique, *ou susceptibles d'examen !*

Pour ceux qui comprennent le français, cette formule ordonne au commissaire de police de se transporter partout *où besoin sera,* à l'effet d'y saisir *tous écrits, papiers, correspondance susceptibles d'examen;* et comme l'acte se termine par une réquisition à tous les dépositaires de la force publique , de prêter *main forte* à l'exécution dudit mandat; il résulte que,

. . . . M. Gisquet a autorisé le commissaire à se transporter dans tous les lieux habités ou non habités , où il pourrait avoir la fantaisie de se présenter, pour y saisir tous les papiers qu'il lui plairait de croire susceptibles d'examen.

Et comme tous les papiers, quels qu'ils soient, écrits ou imprimés, peuvent être susceptibles d'examen, il résulte que :

M. Gisquet a investi un commissaire du droit de visiter tous les domiciles, d'y faire perquisition, et d'y saisir tout ce qu'il voudrait. Devant un pareil acte tombe toute garantie de la liberté individuelle, de l'inviolabilité du domicile, du droit même de propriété.

Ah! messieurs du gouvernement légal, c'est ainsi que vous entendez la légalité!

Et vous, honnêtes gens, qui courez aux armes quand bat le rappel, vous qui sacrifiez vos heures de repos et vos heures de travail au désir vertueux de protéger la sûreté publique : avez-vous cru jamais que tel serait le résultat et le but de tant d'efforts?

Apprenez, marchands, industriels,

propriétaires, gardes nationaux ; apprenez que cinquante à soixante mandats pareils à celui que je viens de vous rapporter, ont été lancés dans la journée du 19 novembre. Apprenez que la plus grande partie de ces mandats tombaient sur des gardes nationaux, des propriétaires, des industriels, des marchands comme vous; rappelez-vous que le coup qui frappe votre voisin, vous frappera demain vous-même; et si vous pensez trouver un motif de sécurité suffisant dans votre vie paisible et inoffensive, dans l'éloignement que vous ressentez pour les discussions politiques, lisez, et vous verrez qu'il n'y a plus sur le sol français, je ne dirai pas un citoyen, ce serait trop restreindre ma pensée, mais un habitant qui puisse désormais se croire à l'abri des plus odieuses vexations.

En un mot, figurez-vous bien que M. Gisquet est le propriétaire incontestable de votre propriété, de votre personne et de votre pensée, sous quelque forme qu'elle s'émette.

Et quand je dis M. Gisquet, j'emploie un nom propre pour préciser une chose, j'appelle un homme pour désigner un système! je m'en prends à l'exécuteur responsable des hautes œuvres du juste-milieu.

Car, qu'importe M. Gisquet!

C'est un système et non un individu que j'attaque; je dis maintenant que tout homme vivant sur la terre de France, voit sa fortune et sa liberté à la merci du premier agent de police qui aura besoin de police, qui aura besoin de dénoncer quelqu'un pour gagner sa paye.

Et je le prouve.

CONSPIRATION

DES PAPILLOTES.

On a fait la perquisition, c'est-à-dire, on a fouillé dans des papiers entassés chez moi depuis dix ans. On a pris une lettre sans daigner la lire, mais seulement à cause de la signature (1). On a saisi quelques brochures, un fusil de chasse, une carnassière, deux poires à poudre, des chevrotines, des balles et deux sacs de plomb n° 8, qui sert à tirer des alouettes.

Il n'y a pas un chasseur chez lequel on ne trouve un fusil, de la poudre, quelques balles et du plomb.

Cette perquisition a duré depuis six heures jusqu'à dix heures du matin, et elle n'a encore amené aucun résultat.

Enfin, dans les cendres du foyer, le commissaire aperçoit une lettre à demi-déchirée; il la relève, la défrippe, et

(1) Lettre de M. Trélat, qui me recommandait un individu arrivant du Puy-de-Dôme. Le commissaire me dit, en souriant, qu'il n'avait pas le temps de la lire, mais que la signature suffisait pour la rendre de bonne prise.

ses yeux s'animent; la joie se peint dans ses traits; enfin, s'écrie-t-il, en se frottant les mains , enfin voici quelque chose !

Et il lit :

..... En secret.........

La duchesse de Berry.........

Les agens secrets.. ... ..

Inertie du gouvernement.....,

Audace des conjurés.....

Un succès certain......

Oh! pour le coup , nous voilà sur la trace d'un complot bien noir, bien redoutable ; et qui sait si nous ne pourrons pas cette fois appuyer par une preuve quelconque la fameuse alliance des carlistes et des républicains ! Cherchons donc les fragmens détachés de cette lettre mystérieuse.

On cherche , moi-même j'aide MM. de la police , et nous ne trouvons rien. Mais tout-à-coup M. le commissaire s'avise, une idée soudaine illumine son cerveau.

— Madame, voulez-vous ôter vos papillotes.

— Mais, Monsieur, on n'a guère envie de se coiffer si matin.

— Madame; AU NOM DU ROI !!....

Je joins une prière maritale aux injonctions du magistrat, et les papillotes séditieuses sont remises au représentant de l'autorité royale.

En effet, elles se raccordent parfaitement avec la terrible lettre; et nous lisons :

Toulon, 1831.

« On parle ici *en secret* de la prochaine
» arrivée de la *duchesse de Berri* dans le
» midi. On assure même qu'elle a déjà,
» dans nos contrées, une foule *d'agents*
» *secrets ;* les patriotes ne comprennent

» rien à *l'inertie du gouvernement*, et ils
» tremblent pour le pays, en voyant
» s'augmenter chaque jour *l'audace des*
» *conjurés*, qui ne daignent pas même
» cacher leurs projets, et qui se flattent
» tout haut d'un *succès certain*. C'est la
» guerre civile qui nous arrive ; on dirait
» que le pouvoir s'étudie à favoriser les
» manœuvres des ennemis de la France :
» il opprime les patriotes, il cherche,
» par tous les moyens possibles, à tuer
» leur énergie, et il caresse, il flatte, il
» encourage les carlistes......»

Vous voyez, M. le commissaire, que
mon correspondant de Toulon était
assez bien instruit. Cette lettre a été
écrite quelques jours avant le débarque-
ment de la duchesse.

Ainsi s'évanouit la formidable conspiration ; et comme dans ce temps-ci les

complots sont si nombreux qu'on ne sait déjà plus les reconnaître, je propose d'appeler celui-ci, la *conspiration des papillotes*, pour le distinguer des autres conjurations dont nous aurons à parler plus tard.

Cependant, le commissaire a été envoyé chez moi pour saisir des papiers, il lui en faut. Il trouve sur mon bureau! un manuscrit assez volumineux, œuvre de persévérance et de ténacité. C'est une histoire encore inachevée de la révolution de 1830. Longs cahiers de notes péniblement amassées, discussions politiques et critiques sur les actes et les partis, élémens divers d'un corps imparfait, dont l'ensemble seul doit faire apprécier le caractère, dédale où nul autre que l'écrivain ne peut se reconnaître. Il faudrait du temps et de la patience pour

déchiffrer ces notes, examiner ces matériaux, et pour lire le manuscrit; eh bien!
notes, matériaux, manuscrit, tout est
mis sous le scellé, et emporté pour être
déposé jusqu'à nouvel ordre à la Préfecture de Police.

Admirable liberté de la presse! Le
juste-milieu la comprend aussi bien que
la liberté individuelle; la restauration
avait la censure, le juste-milieu est plus
expéditif, il a la saisie des manuscrits.

O noble charte de 1830! si légitime
dans ton essence, si sincèrement, si la-
borieusement, si consciencieusement tra-
vaillée dans ta forme, toi qui as coûté
tant de soucis, de méditations et d'efforts
de génie à ces vertueux législateurs, tu
dis dans un éloquent paragraphe, *la censure ne pourra jamais être rétablie !* mais
tu ne dis pas : les manuscrits ne pour-

ront être saisis. Eh ! voyez comme nous progressons incessamment dans les voies de la liberté. La charte ne défend nulle part d'aller chez l'épicier saisir le poivre et la canelle ; elle ne défend pas non plus d'aller chez les écrivains saisir leurs manuscrits. Laissons aujourd'hui reposer la canelle et le poivre, mais saisissons les manuscrits, et nous n'aurons pas violé la charte, car ce que la loi ne défend pas, elle le permet.

Bien raisonné, surtout parce qu'il est convenu que nous vivons sous un gouvernement légal.

—

PRÉFECTURE. DÉPOT. SECRET.

La saisie est terminée. On me permet
de faire approcher un fiacre, et nous par-
tons pour la Préfecture. Le commissaire
me conduit à travers un dédale de cours
et de passages obscurs, dans un cabinet,

où , en ma présence , on lui délivre *un reçu d'un fusil, de deux scellés et d'un homme ;* puis arrive un gendarme qui me prie poliment de le suivre. Je traverse eucore une cour, on frappe à une porte bien ferrée, elle s'ouvre, se referme ; et ici commence le dépôt.

L'entrée est sombre, bizarrement dis-posée, des grilles en tous sens, des treillis de fer, des barreaux énormes , singulière perspective où la lumière n'arrive que contrariée, divisée, amincie, et puis vous entrevoyez de toutes parts des yeux de guichetiers qui brillent dans l'ombre , aucun détail de votre personne ni de vos vêtemens n'échappe à leurs avides re-gards.

Là , on vous fouille.

Il faut se résigner. Vous êtes la pro-priété de ces hommes ; ils veulent savoir ce qu'on leur livre. Laissez-vous donc fouiller. Ne pensez pas ; ne sentez pas ces mains étrangères qui vont scrutant toutes les parties de votre corps. Avez-vous un couteau, ou un canif, ou des ciseaux, ou un outil quelconque, donnez-le ; on vous le rendra en sortant. N'avez-vous rien, laissez-vous fouiller ; car il faut que le geôlier s'en assure. C'est bientôt fait, ces gens-là connaissent leur métier, et ils sont expéditifs en besogne.

— Allons : au second, dans la grande salle.

Ce fut dans cette grande salle que je trouvai les citoyens arrêtés comme moi, le 20. Voici leurs noms, avec quelques renseignemens sur leur arrestation.

Messieurs

CARLY, courtier, décoré de juillet et

de la croix d'honneur qu'il a gagnée sous l'empire,

Officier dans la garde nationale, a donné sa démission le 6 juin. Ce n'est pas trop que soixante heures de secret pour un pareil crime. (*Voir la note* A.)

Doneaud Alexandre, négociant en vins, décoré de juillet,

Se trouvait dans le département de Seine-et-Oise, le 19. Il fut arrêté le 20, à six heures du matin. N'est-ce pas une preuve que les mandats étaient préparés d'avance?

La seule pièce que l'on ait incriminée dans une perquisition aussi sévère que minutieuse, qui a duré trois heures et demie, est une lettre du 15 mars 1831, dans laquelle il donnait sa démission du grade de capitaine de la garde nationale. (*Voir la note* B.)

Bravard, étudiant, décoré de juillet.

M. Bravard était au lit et gravement malade, il envoya chercher son médecin, le docteur Sarlandière, qui attesta par certificat le danger sérieux que courait la vie de ce citoyen, si on le transférait dans une maison de détention. La police n'en tint compte. M. Bravard a subi cent-soixante heures de secret, et il en est sorti dans un état déplorable. Il est encore maintenant à la maison de santé.

Charrières, fabricant d'instrumens de chirurgie.

Ce qui semblait surtout augmenter le chagrin qu'éprouvait M. Charrières de se voir enlever à ses travaux, c'est que, disait-il, il ne s'était jamais occupé de politique, et qu'il ne lisait pas même les journaux de l'opposition. J'ignore si son arrestation l'a beaucoup fortifié dans l'amour qu'il paraissait porter au *juste-milieu*. Il n'en a pas moins subi cent-soixante heures de secret et dix ou douze jours de prison.

Fournier, limonadier ,

Avait été accusé dans l'affaire *Saint-Méry*, et acquitté. Ce que lui reprochait le plus amèrement le commissaire de police, c'était d'avoir osé mettre son nom sur l'enseigne de son café. Cent-soixante heures de secret, et huit jours de prison.

Gerdès , imprimeur.

On se présente *le* 19 , *à trois heures et demie,* chez M. Gerdès, avec un mandat d'amener. — Lequel voulez-vous? il y a ici trois frères de ce nom et leur père, vieillard septuagenaire.

Le commissaire se retire sur cette réponse, et revient avec l'ordre de les arrêter tous quatre.

Le Gerdès dont on voulait se saisir, est le garde national qui a eu l'irrévérence de se présenter aux Tuileries, en bourgeois pour y monter sa garde. *Indè iræ!* La police a su lui faire expier cette énorme faute, par quinze jours de prison.

LAPONNERAYE, homme de lettres, condamné pour délit de la presse.

Il fut saisi dans la maison de santé où il était détenu, et traîné au dépôt où on le tint au secret, cent-soixante heures. Laponneraye est atteint d'une maladie grave, qui exige des soins continus, des précautions excessives. Pendant cent-soixante heures, il n'a pas pu obtenir les secours que réclamait impérieusement sa position.

PRÉVOT, libraire,

A publié ou imprimé plusieurs écrits

qui ont été saisis ; on n'a pu parvenir à
le faire condamner par le jury ; mais la
police a trouvé moyen de l'emprisonner
pendant quinze jours, et de le tenir cent-
soixante heures au secret.

Romagny, négociant,

Avait passé toute la journée du 19,
dans le *quartier des affaires*, avec un de
ses correspondants de province, nouvel-
lement arrivé. Ils ne s'étaient quittés
qu'à cinq heures du soir. Le lendemain
matin, son domicile est envahi par six
sergents de ville, six soldats de la ligne
et un commissaire ; on le transfère au
dépôt, et il subit cent-vingt-sept heures
de secret et huit jours de captivité.

Sylvain de Mongiroux, commis-mar-
chand.

Marié, père de trois enfans en bas
âge ; pendant qu'il subissait cent-soixante

heures de secret et douze jours de prison, sa femme enceinte et ses enfans restaient privés de toutes ressources.

Arrêté sans savoir pourquoi, mis en liberté sans en savoir davantage.

Michel, bijoutier,

Travaillant depuis trois semaines à son compte ; chargé de commandes importantes en échantillon, il n'avait pas quitté son atelier depuis plusieurs jours.

Cent soixante-huit heures de secret, quinze jours de détention.

Thirion, négociant,

Officier de l'ex-artillerie de la garde nationale parisienne : c'est bien assez pour être suspect. Soixante heures de secret.

Caunes, rentier, et une de ses parentes, arrêtés le 20 au matin. Cette dame

a subi quatre-vingt-dix heures de secret.
M. Caunes est encore détenu.

Bouffé de Montaubom, officier,

Est sorti après soixante heures de secret.

Un Allemand, militaire, arrivé de la
veille à Paris,

Mis en liberté après cent vingt-sept
heures de secret et huit jours de détention.

Delorme, maître bottier.

Lambert, ouvrier menuisier,

Mis au cachot dès son arrivée au dépôt. Je dirai plus loin le motif de cette
rigueur inusitée.

Desjardins, homme de lettres, était
malade quand on est venu l'arrêter dans
son lit.

Cent-vingt-sept heures de secret,
douze jours de prison.

Stouvenel, professeur de mathéma-
thiques.

Besquay, vérificateur en bâtimens.

Cent soixante-huit heures de secret,
quinze jours de détention.

Mismer, ouvrier.

Lebon, Napoléon, étudiant, décoré de
juillet,

Arrivait depuis peu de jours de voya-
ge; il n'était pas sorti de son domicile
dans la journée du 19, et il y fut arrêté
à deux heures et demie de l'après-midi.

N'est-ce pas une preuve irrécusable
que les mandats étaient préparés d'a-
vance? Ceux qui en douteraient, sont
invités à lire la note c.

Il y en a eu d'autres qui furent mis à
la Force, d'autres aussi à la Conciergerie.
Je ne parle que de ceux qui se sont
trouvés avec moi dans la grande salle du

dépôt, et que j'ai eu occasion de voir pendant l'instruction.

Mais je sais encore les noms de MM. Giroux, Bergeron et Benoist, qui ont été déposés dans les cachots de la Conciergerie.

INTERROGATOIRES. CONFRONTATIONS.

Il y a eu deux sortes d'interrogatoires :
les uns légaux et réguliers, les autres
extra-légaux, ou du moins extraordi-
naires. C'est par ceux-ci que je commence. MM. Caunes, Lambert, Giroux

et Laponneraye ont été interrogés par MM. Thiers, Gisquet et Persil. On aura peine à croire ce qu'on va lire, et cependant, loin de chercher à exagérer les faits, je veux les raconter froidement et sans couleur.

M. Laponneraye, détenu, comme je l'ai dit, pour délit politique, est conduit chez M. Gisquet On se rappellera que M. Laponneraye est malade, et qu'il avait obtenu la faveur de faire son temps de détention dans une maison de santé. C'est un jeune homme faible et souffrant : on procède avec lui par la douceur, les formes insinuantes. M. Thiers lui promet l'indulgence, *les faveurs du gouvernement*, s'il veut déclarer qu'un complot ayant pour but d'assassiner Louis-Philippe, a été ourdi chez lui tel jour, et s'il veut dénoncer ceux qui s'y trouvaient ce jour-là.

— Je savais bien, Monsieur, répond M. Laponneraye, que j'étais en votre pouvoir : vous voulez sans doute me le faire sentir mieux encore, en vous donnant le plaisir de m'insulter impunément.

— Mettez cet homme au secret le plus rigoureux !

On amène M. Lambert, ouvrier menuisier. C'est un homme de haute taille; dont les membres robustes sont endurcis au travail; la douceur n'a pas réussi tout-à-l'heure, on va suivre une marche différente.

— Ah! scélérat, s'écrie M. Thiers, d'un air furieux, c'est toi qui as fait le coup, je le sais, tu es reconnu !

— Comment s'appelle Monsieur? demande paisiblement M. Lambert, en mesurant des yeux son interlocuteur.

— Je suis le ministre *Thiers.*

— Ah ! Monsieur, il faut en convenir, vous n'êtes pas mal nommé.

— Mettez cet insolent au cachot !

M. Lambert fut plongé dans un des cachots de la préfecture, il y resta deux jours.

Croiriez-vous, que même dans les cachots, il arrive des aventures ; en voici pourtant, et des plus bizarres.

Il faisait froid : le stoïque Lambert s'était bravement réfugié au fond du cachot, et il avait ramassé autour de lui toute la paille qui compose le seul ameublement de ces lieux confiés à la surveillance de M. Gisquet. Vers minuit, on ouvre la porte de sa retraite, et on y jette quelque chose ou quelqu'un. Lambert dormait du sommeil du juste, il s'éveille à demi, la porte est refermée, et le prisonnier se rendort. Au bout d'une demi-heure, il sent une main, une main de femme qui le palpe et le saisit. Lambert se réveille tout-à-fait, et alors une voix douce, quoique non timide, lui prodigue les mots les plus tendres, les invitations les plus pressantes, les caresses les plus affectueuses. Nouveau Joseph, Lambert résiste, mais ce n'était pas précisément par son manteau que l'avait saisi la Putiphar du dépôt. Il se fâche, elle supplie; il jure, elle l'implore, paroles d'amour et gros mots de colère se mêlent, s'élèvent, se confondent et troublent le silence éternel des souterrains de la préfecture.

Enfin un geôlier arrive et fait sortir la demoiselle. Etait-ce une méprise de guichetier? mais les guichetiers ne se trompent guères; était-ce une ruse de la police? mais la police est trop loyale et trop morale pour se servir de pareils moyens.

Après M. Lambert, on fit venir M. Caunes : cette fois ce fut M. Gisquet qui se chargea d'interroger, de s'emporter, de menacer ; mais sa colère et ses menaces ne purent émouvoir M. Caunes au point de lui faire déclarer ce qu'il ne savait pas. M. Caunes fut reconduit au secret, où il resta le dernier, et de là à Sainte-Pélagie, où il est encore.

Enfin, vint le tour de M. Giroux, et il paraît que M. Persil s'était réservé de l'interroger, mais de quelle manière ! j'hésiterais à le redire, si je n'avais là une lettre de M. Giroux lui-même, qui raconte cette scène incroyable, et si je ne publie pas la lettre, c'est parce qu'elle respire un sentiment d'indignation si vif, que je craindrais d'exposer à de nouvelles cruautés un homme qui est encore dans les mains de ces Messieurs.

Arrêté le 20, M. Giroux fut conduit immédiatement par devant MM. Thiers, Gisquet, Persil et autres, qu'il ne connaît pas, mais qui semblaient attendre son arrivée avec impatience.

En le voyant, M. Persil s'écria : le voilà donc, le scélérat! le brigand! et sa figure était contractée, et ses dents étaient serrées, et son bras fit le simulacre d'un geste terrible. M. Giroux ne put croire qu'il était encore en présence de magistrats. Il prit le seul parti à prendre, il se tut.

On le mit au cachot pendant deux jours, et il resta quinze jours au secret. Quand le président-instructeur le faisait appeler, il en était averti par le bruit des chaînes qu'on lui apportait, et dont il allait être chargé pour se rendre au Palais, entre deux haies ambulantes de gardes municipaux. « Eh bien! dit le prisonnier, c'était encore le plus doux moment de ma vie, j'avais le bonheur de revoir la lumière et des visages d'hommes. » Arrivé au parquet, on le confrontait avec Mademoiselle Boury. La première fois, elle se borna à dire qu'elle croyait trouver une ressemblance dans la joue ; la seconde fois, elle crut en trouver une autre dans les favoris ; il est bon de noter que M. Giroux avait coupé les siens, et qu'on ne pouvait en juger que par supposition; la troisième fois, elle ne parla plus que de la taille de celui qu'on lui représentait, et en résumé elle n'affirmait rien.

Mais il y avait encore dans les cachots un autre prévenu nommé Bergeron, que

Mademoiselle Boury croyait aussi ressem-
bler beaucoup au parricide ; or, M. Giroux est plus que brun, il est noir
comme un espagnol, et M. Bergeron est
blond comme un allemand ; et Mademoiselle Boury n'a pas fait attention à cette
dissemblance qui frapperait les moins
clairvoyans.

Enfin, quelques jours après, on lui a
présenté M. Benoît, et Mlle Boury qui
ayant passé du brun au blond, a passé
légèrement du blond au brun ; elle s'est
écriée naïvement, à l'aspect de M. Benoît :

Oh ! celui-là, c'est le meilleur !

M. Benoît est encore plus brun que
M. Giroux. En attendant que mademoi-
selle Boury choisisse et se décide, ces
Messieurs sont retenus à la Conciergerie.

Je ne quitterai pas ce qui regarde
M. Giroux sans mentionner un fait, tel-

lement grave, qu'il m'a fallu l'attestation, par écrit, du mari de la femme dont je vais parler, pour que je me décidasse à y croire.

M. Zangiacomi, juge d'instruction, avait fait appeler madame Wagner, chez laquelle M. Giroux avait coupé ses favoris. M. Zangiacomi voulait que ce témoin déclarât que M. Giroux avait, en ce moment, l'air égaré. La dame répondait et soutenait que M. Giroux avait au contraire l'air fort tranquille. Alors M. Zangiacomi est entré en grande fureur, la menaçant de la faire mourir dans les cachots, elle et son mari. Madame Wagner persista dans sa déclaration, mais elle fut tellement effrayée de la violence de ce magistrat, qu'en rentrant à la maison elle se mit au lit, et que l'on désespère maintenant de ses jours. . . . .

Cependant ce témoin n'est pas le seul qui parle en faveur de M. Giroux. J'ai entre les mains les déclarations de deux personnes qui affirment ne pas l'avoir quitté de toute la journée du 19, et qui disent qu'au moment de l'explosion, ils se trouvaient tous trois sur la terrasse d'une maison voisine de la chancellerie de la légion-d'honneur, et par conséquent fort éloignée du Pont-Royal; mais on verra mieux encore tout-à-l'heure le cas que ces Messieurs font des alibis les mieux constatés.

Je vais raconter brièvement l'interrogatoire des prévenus qui n'ont pas comparu devant MM. Thiers, Gisquet et Persil, et je prendrai pour guide celui que j'ai subi moi-même.

Le 20 au soir, je parus devant le commissaire-instructeur, qui me de-

manda compte de l'emploi de ma journée du 19. Avant de répondre, je le
priai de me dire s'il avait le pouvoir de
me faire mettre en liberté, dans le cas
où je lui prouverais qu'aucune charge ne
pouvait s'élever contre moi ; le commissaire m'ayant dit qu'il n'avait pas mission
pour me relaxer ; je lui fis observer que
cet interrogatoire ne pouvait compter
pour celui que la loi ordonne d'adresser
à tout citoyen, dans les vingt-quatre
heures de son arrestation, puis, je lui
donnai volontiers les explications qu'il
me demandait.

J'étais parti le 19, à huit heures du
matin, par la voiture de Louvres, du
sieur Bayon, demeurant au Plat-d'Étain,
rue Saint-Martin, et je m'étais fait des-
cendre à dix heures, chez M. Sourdet,
aubergiste : à onze heures, je m'étais mis

en chasse, en me dirigeant sur Bonneuil, où je fus faire une visite à M. Poiré, maire de cette commune. A quatre heures, j'étais de retour au Bourget. A six heures et demie, je revenais à Paris dans la même voiture qui m'avait emmené, et à neuf heures j'étais rentré.

On pourrait croire que des détails si précis, des heures, des localités, des noms propres indiqués si formellement, auraient engagé ceux qui me tenaient sous les verroux a en vérifier l'exactitude : il n'en fut rien. Je me suis assuré qu'aucun renseignement n'a été demandé ni à M. Bayon, ni à M. Sourdet, ni à M. Poiré.

Le 21, je fus conduit devant M. Saint-Didier, juge d'instruction. Il me demanda dès l'abord si je consentais à rester encore quelque temps sous le coup du mandat d'amener; je refusai net; j'avais hâte de sortir des mains de la police, et je savais qu'en me mettant au pouvoir de l'autorité judiciaire, on serait obligé de me dire enfin la cause de mon arrestation. Le juge parut peu satisfait de cette détermination, et il procéda à mon interrogatoire, en ces termes :

D. Avez-vous pris part à un complot ayant pour but d'assassiner Louis-Phi-lippe?

R. Je ne réponds pas à une pareille question.

D. Voulez-vous signer?

R. Est-ce donc là ce que vous appelez un interrogatoire? Il serait aussi raison-nable de me demander quelle heure il est, et de me renvoyer ensuite, en pré-tendant m'avoir interrogé.

M. Saint-Didier me répondit qu'il n'avait pas même le dossier de mon affaire, et qu'il n'avait rien de plus à me dire, ni à me demander.

Je signai, en protestant contre la violation de la liberté individuelle commise à mon égard, et je fus reconduit au secret. J'ajoute ici que plusieurs de mes compagnons de captivité consentirent à rester sous le mandat d'amener, sur l'assurance que leur avait donnée le juge, de voir leur affaire marcher plus vite; tandis que s'ils refusaient, ajoutait le magistrat, ils seraient obligés d'attendre un arrêt de la chambre des mises en accusation.

Tout l'avantage qu'ils retirèrent de cette condescendance fut de recevoir leur mandat de dépôt vingt-quatre heures après moi, et d'apprendre alors seulement, qu'ils étaient aussi accusés de complot.

Vinrent ensuite les confrontations. Le croira-t-on? J'avais indiqué un alibi assez évident, M. Doneaud avait prouvé de son côté qu'il était dans le département de Seine-et-Oise. Des témoins avaient voulu établir aussi l'alibi de M. Prévot, mais on n'avait pas daigné les écouter. Eh bien! on n'eut pas honte de nous faire paraître devant une vingtaine d'individus; des soldats, des sergents de ville, des municipaux, des hommes, des femmes, et jusqu'à des enfans nous passèrent en revue; un homme, entre autres, voulait me reconnaître, il m'examina longtemps, me fit approcher de la fenêtre, pour mieux me voir, et finit par dire, avec dépit: je ne reconnais pas encore celui-là. J'en étais plus fâché que lui.

Ces confrontations durèrent deux jours. Enfin les présidents de la chambre des mises en accusations, nous firent appeler pour un nouvel interrogatoire. Celui-là fut grave et sérieux ; on voyait que les conseillers de la cour royale sentaient bien qu'on ne joue pas légèrement avec la liberté des citoyens. Je racontai encore une fois ma journée du 19, et j'ajoutai qu'ayant appris au Bourget l'évènement du jour, j'avais dis aussitôt que c'était sans doute une manœuvre de la police.

— Pourquoi, me dit le président, avez-vous eu cette pensée ?

— J'ai toujours remarqué que lorsque le ministère voyait le pouvoir prêt à lui échapper, il survenait quelque évènement imprévu propre à rallier autour de lui la classe nombreuse des esprits

faibles ou peureux, qui l'abandonne-
raient volontiers dans la mauvaise voie
où il marche; mais que la peur lui ramène
infailliblement. Les journaux du ministère avaient depuis longtemps invoqué
l'émeute, et l'émeute ne paraissait pas.
Il fallait, à tout prix, frapper les imaginations; on n'a rien trouvé de mieux que
d'imiter, en ce cas, la police de Bo-
naparte.

— Sur quelles preuves fondez-vous
votre opinion?

— Mon arrestation, elle-même, le
prouve : on avait fait à l'avance une
liste de conspirateurs. On ignorait que
je ne serais pas à Paris ce jour-là, et on
m'a arrêté ainsi que mes compagnons
de captivité, sans s'informer autrement
si l'on pourrait soutenir l'accusation.
Cela importait peu du reste, on aurait

toujours eu le temps d'obtenir l'effet que l'on voulait produire. En un mot, on a tiré un coup de pistolet pour faire croire à une conspiration, et on arrête des citoyens pour faire croire au coup de pistolet.

Je fus renvoyé au secret, et de là transféré à Sainte-Pélagie, où je reçus, au bout de deux jours, l'ordre de ma mise en liberté.

En résumé, j'ai subi cent vingt-sept heures de secret et huit jours de détention; d'autres ont été retenus plus longtemps encore, et nous en sommes à nous demander aujourd'hui sur quoi l'on s'est fondé pour nous priver de notre liberté.

Vous étiez accusés de complot, nous dit-on, mais accusés par qui et pourquoi; la promptitude de vos arrestations nous prouve jusqu'à l'évidence, que vos mandats étaient tout préparés. Vous aviez fait d'avance votre liste de conspirateurs; vous ne vous étes pas donné la peine de rechercher si ceux que vous vouliez frapper étaient sur le lieu de l'action, s'ils se trouvaient même dans le département de la Seine. Non! parodiant ce mot d'un historien qui ne fut jamais ministre, vous avez répondu à toutes nos réclamations: *Qu'importe! notre siége est fait!*

Il y avait un complot, et vous le connaissiez, et vous ne l'avez pas prévenu, et il a fallu que le hasard plaçât auprès du coupable une femme pour déranger son bras! le hasard a fait manquer le coup des conjurés, et vous connaissiez la conjuration! Mais comprenez-vous quelle épouvantable responsabilité pèse sur votre tête! Quel nom donner à votre conduite, est-ce de la trahison, ou seulement de l'incapacité?

Ou bien vous ne saviez pas qu'il y eût complot; et alors vous expédiez sur l'heure cinquante ou soixante mandats; vous arrêtez, vous torturez une foule de citoyens; mais pourquoi ceux-là plutôt que d'autres? Sur quelles bases fondez-vous vos soupçons? comment se fait-il que les magistrats que vous chargez de nous interroger rougissent eux-mêmes de l'absurdité des questions qu'ils ont à nous faire? Quoi! pas un indice, pas une ombre de preuve; des interrogatoires vides de sens, de suite et de liaison. Quoi! des juges obligés de demander à des prévenus :

« Avez-vous pris part à un complot tendant à assassiner Louis-Philippe?

Et quand les prévenus déclarent qu'ils

ne s'abaisseront pas à répondre à de semblables questions, le juge n'a plus rien à dire, qu'à renvoyer le prévenu en prison, ou à le mettre en liberté.

C'est là tout ce que la police met à la disposition de la justice? et les magistrats semblent déplorer eux-mêmes, d'être réduits à devenir témoins de semblables infàmies !

Jamais la restauration, que vous et nous avons combattue ensemble, ne s'est jouée aussi odieusement de la liberté et de la sûreté des citoyens. Qu'il eût fait beau voir, après le pétard des Tuileries, un ministre de la Camarilla faire arrêter soixante personnes pendant des semaines entières, et la cour royale les remettre en liberté aussitôt après le premier interrogatoire ! Avec quelle colère, quelle noble indignation vous auriez dénoncé de pareils attentats; la presse et la tribune eussent retenti longtemps de vos plaintes éloquentes, de vos dénonciations énergiques.

Vous disiez alors qu'on ne saurait porter atteinte aux droits d'un citoyen sans blesser la cité elle-même; vous répétiez sans cesse que l'opinion publique devait venger les victimes de l'arbitraire, en flétrissant les agens du pouvoir qui abusent de la force déposée entre leurs mains; vous vous efforciez de faire comprendre aux français que la liberté individuelle est la première, la plus sacrée de toutes les garanties, et que le peuple qui ne sait pas la défendre dans chacun de ses membres, est digne du plus honteux esclavage.

Tel était votre langage, l'avez-vous oublié? moi je m'en souviens.

Et je vous dis à mon tour :

Ou nommez-moi mes accusateurs, met-
tez-moi en leur présence , faites-moi connaître enfin une raison quelconque de
mon arrestation , fût-ce un soupçon, un
indice, l'ombre d'une preuve, l'apparence
la plus légère,

Ou je ne cesserai de vous accuser d'attentat à la liberté individuelle, de violation de domicile et d'actes arbitraires
dont les annales de la restauration elle-
même ne fournissent pas d'exemple.

Ferdinand FLOCON,

Sortant de Sainte-Pélagie , le 27 no-
vembre 1832.

PIÈCES

JUSTIFICATIVES.

PIÈCE A.

Lettre de M. Carly au rédacteur de La Tribune,

Paris, le 25 novembre 1832.

MONSIEUR,

L'article que contient votre numéro du 24 courant m'ayant nominativement désigné comme un des patriotes que M. Gisquet poursuit avec aussi peu de mesure que de raison, je crois de mon devoir de donner mon témoignage aux assertions qui me sont personnelles, et de reproduire textuellement les paroles du préfet de police, afin que la France puisse juger le caractère de l'homme qui fait un si déplorable abus de son autorité.

Je ne reviendrai donc pas sur les faits généraux que vous avez fait connaître, et qui démontrent combien notre législation sur la liberté individuelle est illusoire et sans garantie pour les citoyens que le pouvoir se plaît à per-

séculer ; mais j'ajouterai à vos judicieuses ob-
servations que M. Gisquet espère sans doute
nous réduire à l'impuissance de vivre paisiblement du fruit de nos travaux, en compromet-
tant aussi souvent qu'il lui plaît, par l'appareil
d'une surveillance qu'il sait être inutile, notre
crédit, notre réputation, et souvent notre honneur.

Ce que M. Gisquet doit savoir cependant, c'est
que je puis hardiment le défier, ainsi que mes
amis, de prouver qu'il soit plus honnête homme,
plus homme de bien ou meilleur citoyen qu'aucun de nous ; qu'il est déplorable qu'on nous
calomnie, qu'on nous emprisonne, qu'on nous
ruine sur le simple rapport d'un mouchard de
haut ou de bas étage, et qu'il est scandaleux
qu'une police si souvent provocatrice, si tra-
cassière aujourd'hui, et dont quelques agens
sont le rebut de la société, l'écume des bagnes
ou le type du déshonneur, conserve une aussi
funeste influence sur le sort des citoyens, sans
que ceux-ci aient le droit de la prendre à partie.

Mais ce que M. Gisquet semble ignorer, et
ce qu'il vient me donner le droit de lui apprendre, c'est que rien que je sache ne place un préfet de police au-dessus de la loi, et ne l'autorise
à se montrer insolent et cruel : cependant,

quelle a été envers ma femme la conduite de
cet homme , que j'ai vu si pusillanime et si
tremblant le 28 juillet 1830, lorsqu'il s'agissait
de combattre? La voici tout entière dans les
paroles pleines de colère qu'il adressait à celle
dont la douleur, la grossesse et la situation exi-
geaient au moins quelques égards, lorsqu'elle
ne sollicitait d'autre faveur que d'activer l'interrogatoire de son mari qu'elle savait innocent.
« Vôtre mari est un des brigands qui ont voulu
assassiner le roi ; je le tiens et je l'exterminerai
comme les autres; il est au secret, il n'en sor-
tira pas de sitôt, et je veux le poursuivre, ainsi
que ses complices, jusqu'à la dernière extrémité;
d'ailleurs ses antécédans sont très-défavorables,
car il a donné sa démission d'officier de la garde
nationale le 5 juin; enfin, j'ai bien autre chose
à faire qu'à m'occuper de lui; » et en finissant
cette phrase, il lui montra du doigt la porte de
sortie.

Cette conversation , cette conséquence tirée
de la démission d'un officier qui comprenait
mieux ses devoirs et la loi que M. Gisquet, n'ont
pas besoin de commentaires pour faire ressortir
tout ce qu'il y a d'inconvenant et de froidement
atroce dans la conduite d'un préfet qui devrait
avoir quelque savoir vivre, et qui pourrait

trouver, sans compromettre la sûreté de l'état, et dans des formes plus humaines, les moyens de rendre les devoirs de sa charge moins pénibles pour lui et moins rigoureux pour les autres. Cette conduite peut, j'en conviens, être un titre à la confiance de certain parti; mais, à coup sûr, elle ne peut inspirer que du dégoût et du mépris à tout ce qui a de la droiture dans le cœur et de la générosité dans l'âme, surtout quand elle avait pour but de tourmenter ou d'insulter un citoyen contre lequel on ne pouvait produire aucune charge, qu'on savait fort bien être étranger au fameux complot dont on l'accusait d'être un des principaux auteurs, et qu'on est obligé de relâcher après le premier interrogatoire du juge.

Je vous livre tous ces faits, M. le rédacteur, pour en faire l'usage que vous jugerez convenable dans l'intérêt de la société, et je vous prie de recevoir l'assurance de la considération distinguée de votre dévoué serviteur et concitoyen,

M. CARLY,

Ancien soldat de la garde impériale, ex-vérificateur au ministère des finances, destitué par les gens du juste milieu; membre de la Légion-d'Honneur et décoré de Juillet.

PIÈCE B.

*Lettre de M. Doneaud à M. le Maréchal Bertrand,
Colonel de la 4ᵉ. Légion.*

Paris, le 15 mars 1831.

Mon Colonel,

Au moment où le gouvernement, oublieux
de son origine, semble méconnaître tous les
principes proclamés sur les barricades, il importe que chaque citoyen lui fasse sentir combien une pareille marche provoque de mécon-
tentement.

A l'intérieur, il marchande les libertés et
les droits d'un corps qui, depuis sept mois, a
été la seule sauve-garde de l'ordre public.

A l'extérieur, il paraît renoncer à son système de non-intervention ; système inerte,
sans doute, mais qui offrait encore aux peu-
ples, mus par la liberté, un secours passif.

Cette dernière considération a été toute
puissante pour moi : si nous ne sommes ni
menaçans, ni menacés, à quoi bon le dé-
ploiement de forces ? pourquoi cinq cents mille
soldats ? pourquoi deux millions de gardes
nationaux ?

6

Veut-on faire de nous des gendarmes ou des soldats de parade ?

Ces motifs m'ont déterminé, mon colonel, à donner ma démission ; d'après le vœu de la loi, je puis me résigner à faire mon service comme simple garde, mais je croirais manquer à ma conscience, si, dans de pareilles circonstances, je restais plus long-temps officier.

Veuillez donc, Colonel, recevoir ma démission, et croire à la parfaite considération avec laquelle je suis,

Mon Colonel,

Votre très humble et très obéissant serviteur,

DONEAUD,

Capitaine de la 2ᵉ. compagnie, du 1ᵉʳ. bataillon, de la 4ᵉ. légion.

PIÈCE C.

Fragment d'une lettre de M. Napoléon Lebon au rédacteur d'un journal de département.

. . . .

Durant la semaine qui précéda le 19 novembre, la police fit toutes sortes de démarches pour s'assurer de la présence, à Paris, de certains patriotes. On vint demander au portier de la maison que j'habite, *si j'étais revenu de Dieppe*, et quel train de vie j'avais mené depuis lors.....

Qu'est-ce que tout cela signifiait? vous le devinez, Messieurs; tel ou tel se trouve-t-il dans des conditions qui nous permettent de l'impliquer dans une émeute, un complot, ou quelque autre machination; l'émeute avait paru d'abord de bonne exploitation; mais la mèche fut éventée bientôt par les journaux de l'opposition, et le complot dût être substitué à l'émeute.

J'avais su la visite faite chez moi, et je pressentais bien ce qui s'en suivit; toutefois je ne bougeai pas: on attire l'orage sur soi, quand on fuit devant lui; mieux vaut s'exposer à quelques gouttes d'eau.

Enfin, le grand jour arriva, et dès le matin du 19 la foule des curieux avait pris place sur les quais que devait parcourir le cortège. Je n'avais que faire par là, et d'ailleurs il était trop évident pour nous, que la police nous y attendait; je gardai encore ma chambre.

La police, au-devant de laquelle nous ne voulions pas aller, se vit donc obligée de venir au-devant de nous : c'est une chose vraiment remarquable, que de tous les prévenus de *l'horrible attentat*, pas un n'ait été pris dans la rue.

A deux heures précises, selon le *Moniteur*, à deux heures un quart, selon le *Nouvelliste*, le cortège descendit l'escalier des Tuileries, et le coup de pistolet fut tiré à l'autre bout du Pont-Royal. — Or, à deux h. et demie, j'étais arrêté chez moi, tout près de l'Odéon, en vertu d'un mandat signé et délivré à la Préfecture de police. Certes, c'était aller rondement en besogne, et si les commissaires, leurs agents bien avertis, s'étaient tenus d'avance en mesure de partir, au bruit d'un signal convenu, nous admirerions encore une telle diligence de leur part.

Après m'avoir appris, eux-mêmes, l'histoire bien fraîche encore du Pont-Royal, et par conséquent la nouvelle de mon arrestation, les gens de police se mirent à faire perquisition dans ma chambre. Je regrette de ne pouvoir plus vous donner la formule de leur mandat, vous seriez étonnés de la latitude qu'on laisse à des agens subalternes, qui reviennent nous tracasser si souvent. Ils ont ordre de saisir toutes les armes et munitions (on saisira, par exemple, une pierre à fusil, soit parce qu'elle rentre dans l'espèce armes, soit dans l'espèce munitions ; comme vous voudrez) ; *tous papiers susceptibles d'examen* et *généralement tous objets séditieux quelconques.* Ordinairement on s'en remet au commissaire du soin de juger après perquisition s'il vous laissera tranquille ou s'il vous emmènera : mais, pour cette fois, l'ordre de nous arrêter était précis, et les agens devaient l'exécuter en se *transportant chez nous et partout où besoin serait.*

Ma paillasse bien fouillée, mes livres feuilletés, donnèrent, comme futures pièces de conviction, quelques notes sur les constitutions de 91 et 93 ; une marque d'entrée aux cours du C. Buchez ; un reçu de Marchais, trésorier de notre assossiation en faveur de la presse, et des brouillons d'articles déjà publiés dans les journaux. Le tout fut inventorié, paraphé et saisi.

On m'emmena enfin, malgré la réclamation

des propriétaires de ma maison, qui ne concevaient pas qu'étant resté chez moi depuis la veille, je puisse être pour quelque chose dans ce qui venait de se passer au-dehors. Toutefois, leur déclaration fut reçue, et le fait constaté dans le procès-verbal du commissaire.

Au dépôt de la Préfecture, je retrouvai bon nombre de patriotes prévenus, comme moi, de *l'horrible attentat*. On n'avait pas trouvé trop absurde d'y transférer Laponneraye, que, depuis long-temps, la police tenait sous sa main dans une prison de santé ; on n'eut pas honte d'y amener, avec le citoyen Caunes, une de ses parentes !

Plusieurs d'entre nous eurent à supporter les injures du préfet de police Gisquet et du ministre de la police Thiers, qui les avaient fait amener devant eux : et pourtant les instructeurs du petit parquet et les conseillers délégués par la Cour royale étaient dès-lors seuls saisis de notre affaire.

Mais déjà commençaient pour eux les embarras de toute sorte : il fallait instruire, procéder contre nous ; il fallait s'expliquer enfin. Sans doute il ne leur paraissait pas facile de les entamer, ces explications ; car, malgré l'obligation formelle que la loi leur impose, ils

ne se décidèrent à m'interroger que le troisième jour.

Chose toute simple, après ce que je viens
de vous dire, le juge d'instruction m'avoua
que cet interrogatoire, qu'il me faisait subir,
n'était que pour la forme ; car rien de ce qu'il
avait sous les yeux ne pouvait lui servir à for-
muler une accusation ; mais, chose incroyable,
il trouva bon néanmoins de me garder, parce
que le hasard, ou la suite de l'instruction géné-
rale, pouvait fournir des moyens de m'atta-
quer, auxquels on n'avait pas pensé jusque-là.

Et je restai huit jours pleins au secret. Le
secret, c'est une prison dans la prison : pas de
communication avec le dehors ; pas de communication même entre les prisonniers.

Les coups d'épingle montrent mieux que
les coups de massue la méchanceté des gens.
J'ai quelque honte pour eux de vous dire que
durant ces huit jours, je me suis résigné à laisser croître ma barbe, parce qu'il m'aurait fallu
obtenir du *procureur-général* une permission de
la faire couper.

Mais nous aurions mauvaise grâce de nous
plaindre davantage, quand des hommes que
demain peut-être on renverra faute de pré-
somption suffisante, de simples prévenus com-

me moi sont restés enchaînés dans un cachot, ont été traînés de leur cachot au cabinet du juge et ramenés à leur cachot, au travers les salles du Palais, les fers aux bras.

Lors des divers interrogatoires, on en revenait toujours à des choses étrangères au chef d'accusation. Un des nôtres, homme de sens, mais peu fait encore aux manières de la justice, objecta qu'étant accusé d'un fait spécial, son interrogatoire ne devait servir qu'à prouver sa participation, ou sa non-participation à ce fait, on le fera servir à cela ou à autre chose, lui répondit-on. Il fallait bien tirer un parti quelconque de toute cette affaire. Et plusieurs prévenus de l'*horrible attentat*, vont, en effet : se transformer en prévenus de je ne sais quel autre attentat.

N'ont-ils pas osé me confronter trois fois, moi, qu'ils avaient arrêté, comme je vous ai dit, avec des témoins ramassés sur le Pont-Royal. Les voyez-vous opposant au procès-verbal du commissaire de police la dénonciation possible de quelques-uns des témoins? Qui donc aurait fait preuve dans ce conflit qu'ils provoquaient?

FIN.

ADDITION A LA NOTE B.

LETTRE DE M. ALEXANDRE DONEAUD

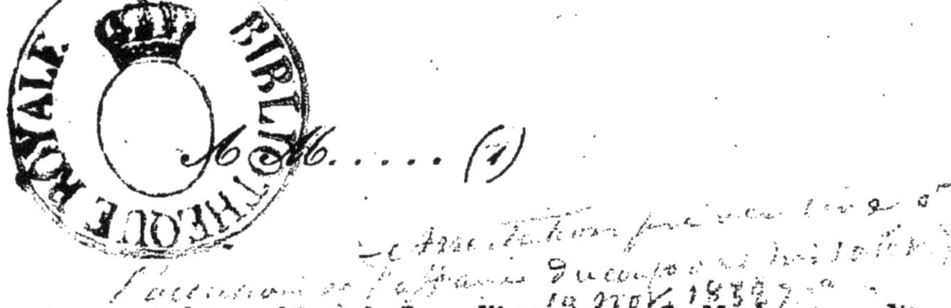

...... (1)

Lorsque je parus devant le Juge d'instruction. Ce Magistrat me dit : Monsieur, vous êtes accusé d'avoir pris part au complot du coup de pistolet. Un sourire d'indignation fut ma seule réponse, et je jugeai dès lors que l'horrible attentat n'était qu'une mauvaise mystification ; que S. M. n'avait couru aucun danger, ou que la police employait fort mal les trois millions votés par la Chambre des Députés. Aujourd'hui je crois l'un et l'autre.

Le 20 au matin, au moment de mon arestation ; j'avais 7,000 fr. en caisse pour parer aux échéances du 20 au 25. Ce ne fut qu'à la fouille du premier guichet que je m'apéçus que j'avais emporté la clé de la caisse : cela allait mettre ma maison dans un grand embarras. Je suppliai donc un guichetier de faire remettre cette clé chez moi. Mais bah! la clé prit bien une autre route : après s'être arrêtée au greffe, elle fut portée chez le Juge d'instruction, d'où elle ne put être retirée que le 25. Ceci doit servir d'instruction aux négocians, gardes nationaux, et leur faire voir que les hommes du juste milieu ne respectent rien. Non contans de violer la liberté individuelle, ils cherchent encore à ruiner le crédit, et tuer la réputation des hommes d'honneur auxquels ils s'attaqunt. Vous voyez en effet qu'il n'en fallait pas plus pour obliger ma maison à suspendre ses payemens. Ce sont des amis bien dévoués et bien rares, que ceux qui prètent plusieurs mille francs pour un citoyen mis au secret sous le coup d'une accusation capitale. Les miens ne me firent pas défaut ; ils pensaient que tout mon crime était de voir avec peine, le Gouvernement s'engager dans une route d'humiliations pour la France : mais que de là à tramper dans un complot d'assasinat, il y a loin.

Et dès mon premier interrogotoire ; j'avais prouvé que j'étais dans le département de Seine et Oise. J'avais indiqué des témoignages irrecusables ; et cependant j'ai subi cent vingt-sept heures de secret et huit jours de prison ; et l'on ne pouvait pas douter de mon innocence.

Quel nom donner au Pouvoir qui ne recule pas devant la responsabilité de semblables vexations?

(1) Cette lettre ne m'est parvenue qu'au moment ou ma brochure était sous presse. **F. F.**

PARIS. Imprimerie de Auguste MIE, rue Joquelet, 9.

POUR PARAITRE INCESSAMMENT,

PAR LE MÊME AUTEUR :

*Histoire Politique et Critique de la
Révolution de 1830.*

www.ingramcontent.com/pod-product-compliance
Ingram Content Group UK Ltd.
Pitfield, Milton Keynes, MK11 3LW, UK
UKHW022325070726
13614UKWH00002B/951